최근 인디음악계에는 실력파 뮤지션들이 대거 쏟아지고 있다. 물론 개인의 취향과 사회적 트렌드, 작품 수준 등을 모두 감안해 순위를 정하는 일은 쉽지 않지만, 하나의 경향으로서 특정 마니아를 지속적으로 양산하고 있다는 점은 분명하다.

더구나 철저히 분업화된 시스템 하에서 검증된 트레이닝을 받고, 치밀한 계획 하에 데뷔하는 대형 기획사 소속 가수들과는 달리, 인디음악계 뮤지션들은 직접 곡을 쓰고 노래를 부르는 1인 기획사 형태의 싱어송라이터가 대부분이라, 스스로 다양한 콘텐츠를 만들어내는 힘과 가능성을 겸비하고 있다.

이런 가능성에 주목해 엔트리에서는 정규 앨범과 책이 결합된 '쓰고 노래하다' 시리즈를 기획했다. '쓰고 노래하다'는 재능 있고 열정으로 가득한 뮤지션들이 협소하고 독점적인 마켓에서 벗어나 더 많은 대중과 소통하는 하나의 매개체가 되길 바란다. 또한 다름을 인정하고 다양성을 존중하는, 깨어 있는 대중들의 문화적 욕구를 충족시키는 또 하나의 새로운 콘텐츠가 되길 희망한다.

우리 정말 사랑했을까

우리 정말 사랑했을까

감성소년

이별, 또 다른 시작

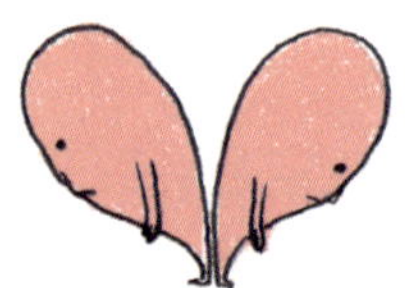

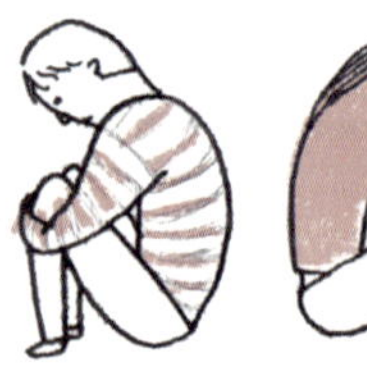

이별에는 여러 유형이 있다.

서로에게 질려 돌아선 이별.

마음이 현실의 무게를 견디지 못해 멀어진 이별.

현재보다 더 나은 삶을 위해 사랑을 포기한 이별.

무게중심이 무너진 이별.

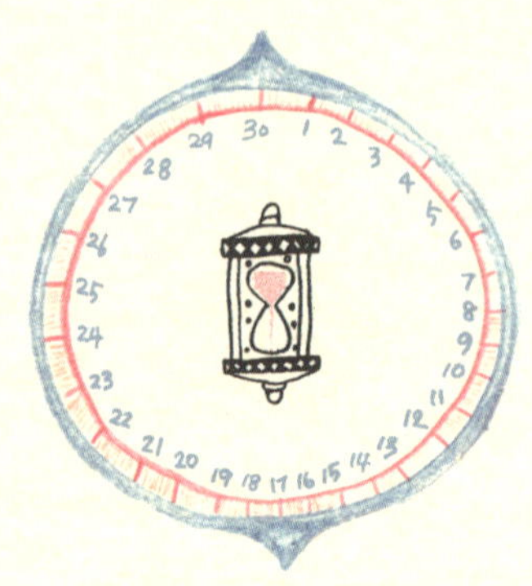

30일 동안만 유효한 약속.

"우리… 30일 동안이라도 만나볼까? 다시 돌아갈 때까지만이라도…"

끝을 약속한 만남.

그것이 이 이야기의 시작이었다.

"안녕하세요."

어릴 적 가족과 함께 미국으로 이민했다는 그녀.
영어 발음이 섞인 어눌한 한국말로 나에게 간신히 인사를 건넸다.

얼굴 전체에 가득한 웃음, 밝고 활달한 성격에 조금은 통통한 체구.
그녀는 한국의 한 힙합 크루crew 보컬이었고,
그 크루의 수장이었던 친구의 소개로 그녀를 알게 되었다.

미국에 거주하기 때문에 그녀와의 곡 작업은 인터넷을 통해서만 가능했다.

그러던 중,
그녀에게 친척들을 만나기 위해 한국을 방문할 일이 생겼고,
우리는 그 아까운 기회를 놓칠 수 없어
급히 녹음 스케줄을 잡았다.

그게 그녀와의 첫 만남이었다.

다소 이국적인 외모에,

작은 호의에도 민망할 정도로 큰 반응.

수줍은 듯한 표정 뒤에 숨겨진 폭발적인 가창력.

선입견은 점점 호감으로 바뀌었고,

어느덧 그녀의 매력에 끌려가는 나 자신에 당황했다.

그런 나의 마음을 눈치챈 것인지,

조금은 부추기며 용기를 주는 듯한 그녀의 행동에

"나 너를 좋아하는 거 같아"

라는 말이 튀어나와버렸다.

나의 즉흥적 고백에

그녀는 세상을 다 가진 듯한 미소로 답했고,

우리는 서로의 호감을 확인했다.

하지만,

시작과 동시에

우리가 함께할 수 있는 시간은

정해진 끝을 향해 카운트다운을 시작했다.

한국에서의 남은 시간은 한 달 남짓.

우리는 칵테일 한 잔을 사이에 두고

서로의 마음을 터놓았다.

낭만보다 앞서 있는 현실을 원망하며,

제안하듯 건넨 말.

“우리… 30일 동안이라도 만나볼까? 다시 돌아갈 때까지만이라도….”

그녀는 대답 대신 내 손을 잡았고,

시작보다 끝이 먼저 정해진 우리의 만남은,

그렇게 시작되었다.

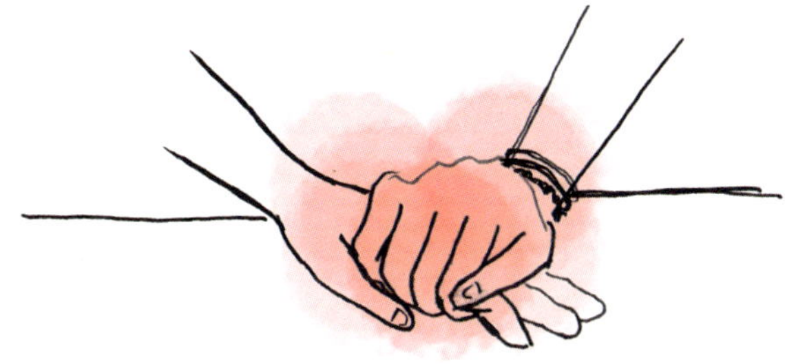

시작

감성소년

그대인걸요
꿈꿔왔던 사랑
그대 생각에 미소 짓는
지금 잡은 손
놓치고 싶지 않죠
그대인걸요

그냥 이대로만
내 곁에 있어주면 돼요
그대가 나만의
첫사랑인걸요

오늘 얼마나 기다려왔는지, 음
하고픈 말 얼마나 생각했는지, 으음
여름밤의 꿈처럼 달콤한 선물
그대라는걸, 나 네게 고백하고 싶어

그대인걸요
꿈꿔왔던 사랑
그대 생각에 미소 짓는
지금 잡은 손
놓치고 싶지 않죠

그대인걸요
그냥 이대로만
내 곁에 있어주면 돼요
그대가 나만의
첫사랑인걸요

시작할래요
그대와 나 둘이
처음부터 난 느꼈죠
그대라는걸

그대인걸요
사랑이란 그 말
그 의미를 알게 한 사람
그대 있기에
매 순간 행복이죠

시간이 흘러도
지금 사랑보다
더 큰 사랑을 드릴게요
그대의 미소를
내가 지켜줄게요

그녀는 스무 살이라는 나이와 어울리지 않는 특이한 면이 있었다.

어릴 적 미국으로 이민해 그곳 문화에 익숙해졌기 때문일까,
배웅하는 것도 지하철역 입구까지만 허락했고,
어떠한 상황 속에서도 자신감이 느껴졌으며, 매 순간 당당했다.
정열적으로 다가오다가도,
어느 순간에는 이 이상 들어오는 게 싫다는 듯 분명하게 선을 그었고,
마음을 잘 열지 않으면서도 때로는 지나치다 싶을 만큼 솔직했다.
꽤 현실적이면서도 따뜻했다.

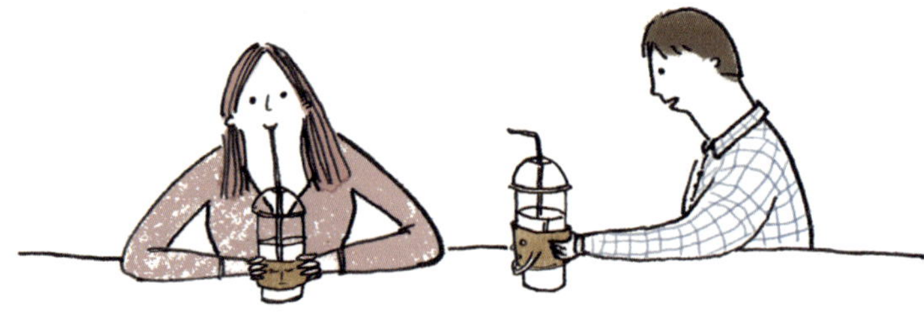

집 착 이 란 ,
미래에 대한 불안에서 기인한다.

미래를 그릴 수 없는,
불안조차 사치인 관계.
서로에 대한 욕심이나 기대보다는,
그냥 지금 이 순간이 전부인 관계.

흔히 겪는 연애에서의 지나침은
정해진 기한이 제동 역할을 해주었고,
마치 시한부 인생을 사는 사람의 마지막 하루처럼,
은퇴를 앞둔 가수의 마지막 무대처럼,
매 순간 마음 놓고 뜨거울 수 있었다.

적당히.

회 상

적당히, 라는 건 어렵다.
사람 마음이란 게 말처럼 쉽게 조절되는 게 아니기 때문에.

수줍음 또는 서투름, 혹은 알 수 없는 이유로
예상치 못한 상황에서 인연의 끈을 놓아버린 적도 있었다.
반복된 상처에서 오는 그 경험은 나를 더욱 단단하게 만들었지만,
앞을 볼 수 없을 만큼 뜨거웠던 그 기억들이

그냥 가끔 떠오른다.

지금보다 많이 어렸을 적,
엇나갔던 인연에 대한 경험은
연애에 대해 더 잘 알고 싶다는 간절함을 만들었다.
바로 눈앞에서 놓친 듯한 그 아쉬움이

어떤 면에선

이별보다 길었던 것 같다.

연애의 기술?

눈이 마주치면 어색한 표정으로 머리에 손을 올린다거나
남자라는 단어와 결부시키는 빈도 등으로 알 수 있는
호감의 표시.
대답의 타이밍.
대답은 짧게, 하지만 너무 딱딱하게 느끼지 않게.

좁은 골목길에서 자동차가 다가오거나,
무언가 쏟아졌을 때, 도움이 필요할 때
그녀를 돕기 위한 움직임은,
영국 신사 같은 기품과
군인 같은 신속, 정확함을 동시에 갖춰야 한다.

말을 줄이되 따분함이 느껴지지 않게,
상대의 관심사 위주로 대화를 이끌어가면서도,
귀를 열고 눈을 마주하는 것은 잊지 않는다.

앞서가지 않는 것,
간절함을 내비치지 않는 것,
사귄다는 단어를 앞세워 관계를 규정하려 하지 않는 것.

'감정과잉'이라 느껴지는 노래는 더 이상 듣고 싶지 않듯,
진실한 마음이면 다 된다는 생각이 나의 이기적인 판단임을 깨달았다.

내 경험뿐 아니라 친구나 지인을 통한
간접경험으로 확립된 연애의 기술(?)이
누군가와의 만남의 결과를
180도 바꿔놓았기 때문이다.

사랑은 가질 수 없을 때가 가장 아름답다고 누군가 말했던가.

우리는 서로를 가지려 하지 않았기에

작은 갈등조차 끼어들 틈이 없었다.

그녀가 싫어했던 담배도

'30일 정도쯤이야'

라고 생각하면서

책상 서랍 깊숙이 던져버렸다.

정해진 시간의 끝이 문 앞 몇 발자국 앞에 당도했을 때

우리는 서로 사랑이라는 단어를 주고받았고,

사랑은 가질 수 없을 때 가장 아름답다고 한 누군가의 말을

증명이라도 하듯,

우리는 세상에서 가장 빛나는 서로를 확인했다.

그러면서도,

이미 이별에 익숙한 연인처럼 우리는 서로에게 현실적인 조언과 칭찬을

아끼지 않았다.

약속한 30일이 모두 지나고,

그녀의 출국이 하루 앞으로 다가온 어느 날,

우리는 시내 한 카페에 마주 앉아 서로에게 편지를 썼다.

나는 그동안 그녀에게 느꼈던 마음을 솔직하게 담아

지나치지 않을 만큼 고마움을 표했다.

앞으로 나보다 훨씬 멋진 사람 만나게 될 기회가 무지 많을 거야.
30일 동안 내게 느꼈던 아쉬움과 부족함을 모두 채워줄 수 있는
그런 사람… 꼭 그런 사람을 만나기 바라.
짧은 기간 동안 고마웠어.
항상 지금보다 더 행복해야 해.

하지만,

그녀가 편지에 담은 진심은,

시작보다 먼저 정해진 시간의 끝을 처음으로 되돌렸다.

나를 사랑한다고 했잖아.
그 말에 책임져줘!

음.

딱히 무엇이라 말하기에는 모든 상황이 애매했다.
아무렇지 않으면서도, 복잡한 생각들이 머리에 가득했다.

그녀는 이미 돌아갔고,
그녀 없이 눈을 뜨는 아침이
지난 일을 꿈처럼 만들어버렸다.

마치 당연하다는 듯 그리움과 불안이 찾아왔지만,
그보다 먼저 문 앞에 도착한 것이 있었다.
설렘.

그녀가 떠난 그때,
피식 웃으며 무심코 내뱉은 말.

"말로만 듣던 장거리 연애를 하게 되다니…."

그런다더라

감성소년

그대를 저 먼곳으로 보내던 날은
생각 외로 아무렇지도 난 않았더랬죠
그대 없이 눈을 뜨던 나의 아침은
지난날을 꿈처럼 만들었죠

모두 다 예상했던 일인데
생각보다 더 그립고 조금 불안해져요
친구들 하나같이 내게 말해요
한 번쯤 들어본 것 같은 흔한 얘기들

다 그런다더라 결국엔 힘들다더라
어느새 또 다른 사람 찾는다더라
우리는 다르다 난 믿고 있죠
우리 사랑 이대로 영원하길
바라죠

사랑한 추억으로 그댈 그리다
걱정과 불안함도 이젠 어색해져요
함께할 우리 둘의 기념일에도
보이지 않는 그대라서 미워지네요

다 그런다더라 그 말이 너무 싫은데
가끔은 고갤 끄덕이는 내가 미워요
우리는 다르다 난 믿고 있죠
우리 사랑 이대로 영원하길

이 노래의 마지막은 어디일까요
지금을 얘기하며 함께하고 싶은데

다 그런다더라 결국엔 힘들다더라
어느새 또 다른 사람 찾는다더라
우리는 다르다 난 믿고 있죠
우리 사랑 이대로
처음 그 맘 그대로 영원하길

바라죠

나를 사랑한다고 했잖아.

그 말에 책임져줘!

어린 마음에 감정이 앞선 말이라는 걸 알고 있었지만,

선택은 나였으며

그 선택에 대한 책임에 오기가 생겨버렸다.

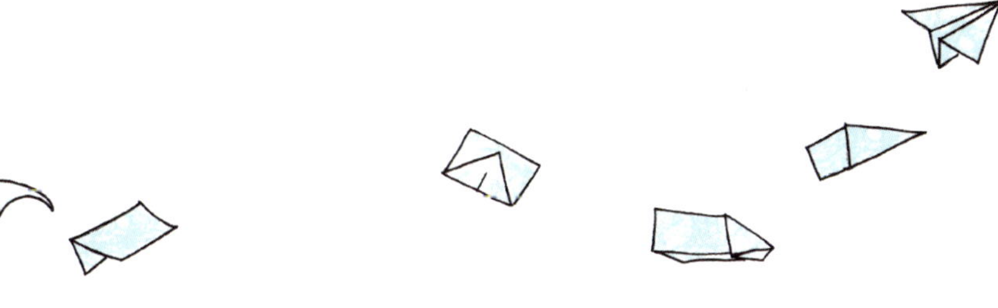

“오빠, 우리 교환일기 써보자!”

“영상통화 할래?”

우리는 그렇게 다양한 방법을 동원해서

그리움을 극복하려 노력했다.

장거리 연애에서 믿음은,

서로에게 절대적인 부분을 차지한다.

때문에,

우리 둘에게 의심이라는 단어는

무조건 생소한 말이어야 했다.

"오빠, 아는 언니가 그러는데, 장거리 연애는 힘들대… 불안해."

잔뜩 울음 섞인 목소리로 전화를 건 그녀의 말에

마음 한구석에 똬리를 튼 두려움이 고개를 들었다.

하지만 그럴수록

우리는 다른 결말을 맞이하고 말겠다는 결심이 강해졌다.

반드시 다른 결말을 맞고 말겠다는 결심은
나를 무모하게 만들었다.

3개월 후…
나는 미국 워싱턴행 비행기에 몸을 실었다.

아직 학생 신분이라 경제적으로 여유로운 상황이 아니었기 때문에,
그녀의 친구에게 사정을 말하고 겨우 거처를 마련했다.
우리는 그녀가 다니는 대학교와 워싱턴 시내, 한인타운 등을 거닐며
하루하루를 보냈고, 끝이 정해지지 않은 시간을 마음껏 누렸다.

하지만,
버지니아는 차가 없으면 돌아다니기 힘들 만큼 넓은 도시였다.
학교를 오가고, 아르바이트하는 틈틈이 나와 보낼 시간을 만들어야 했고,
직접 운전을 해서 내가 머무는 곳까지 데려다주었다.
자신 말고는 아무도 의지할 곳 없는 나를 위해,
그녀는 사소한 일상마저 포기해야만 했다.

점점 그녀의 일상에 미세한 균열이 일어났고,
얼굴 전체를 차지하던 웃음 대신
지독한 우울이 반복적으로 고개를 들었다.
그럴 때마다 나는 미안함 대신,
'너 때문에 내가 아는 사람 하나 없는 미국까지 왔는데…'
라는 보상심리가 작동했다.

우리는
만남 대신 기다림이 잦았고,
웃음 대신 다툼이 많았으며,
행복 대신 불안에 절망했다.

사랑이라는 감정의 색이 진해질수록
기대나 욕심의 지나침이
제동력을 상실해갔다.

우리는 각자의 노력에 대한 보상에 집착했고,

사랑이라는 감정 뒤에 숨어 있던 지독한 현실과 마주했다.

제한된 시간이 빚어낸 아름다운 로맨스가 걷히자,

기다렸다는 듯이 모든 갈등이 우리 머리 위로 쏟아졌다.

녹아내리는 양초처럼,

우리 만남의 끝은 분명한 바닥을 드러냈다.

그녀의 부모는 우리 둘의 만남을 못마땅하게 여겼고,

홀로 남겨진 이국땅에서의 현실은 매서운 바람이 되어 나를 할퀴었다.

그리고 이런 나를 바라보는 그녀의 마음은

손님이 떠난 테이블 위 찻잔처럼 차갑게 식어 있었다.

이미 한쪽으로 기울어버린 마음의 무게.

현실을 깨달아버린 그녀의 모습에
나는 무모하리만큼 지독한 집착을 보였고,
거대한 절망 속에 그녀를 가두어버렸다.

내가 한국으로 돌아온 후,
만날 수 없는 나와의 대화보다는
그녀 주변의 새로운 인연들에
관심을 기울이는 듯 보였고,
그 무게만큼 연락도 뜸해졌다.

그런 모습이 이별을 준비하는 것처럼 보여
나는 일이 손에 잡히지 않았다.

친구들과의 개인적인 만남에서도
일과 관련된 업무적인 만남에서도
나는 그녀에 대한 고민을 털어놓았다.

들어주는 일이 힘들다는 걸 알고 있었고,
반복되는 이야기에 지친
상대방의 모습도 보았지만,

불안과 슬픔은
내 눈과 귀를 가려버렸다.

우스웠던 건,

나를 향한 그녀의 마음이
아직 사랑일까 혼자 고민하다가
아직 사랑이라고
스스로 결론 내린 것이다.

애써 동조해주는
상대방의 모습에서 얻는
그 짧은 위안을
애처롭게 갈구하는 일이 잦았다.

시작보다 끝이 먼저 정해진 만남 속에서
우리는 사랑이라는 말을 아무런 교감 없이 확신했고,
그러한 자기방어적 행동은
제한된 시간 속에서 불가피한 것이라고 항변했다.
그런 절제된 마음이 서로의 불안을 배려했고,
그 편안함 속에서 사랑의 확신이 착각으로 다가왔다.

사랑이라고

감성소년

오늘 하루만 내 얘기를 들어줄래
넘길 수 없는 사랑이 날 아프게 해

예전처럼 날 보며 웃어주질 않고
눈빛이 이별을 담는데

뜨거웠던 사랑의 그 기억보다는
부담이 조금 앞섰나봐

미워할 수도 없는 슬픔이 괴롭히지만
그녀를 난 믿고 싶은데

이건 사랑이라고 말해줘
아직 사랑이라고 말해줘
아직 그녈 향한 마음이
놓을 수 없다고 말을 해

이런 아픔이라면 괜찮아
이런 아픔이라면
그녈 향한 사랑이
아무렇지 않다고
말하잖아

예전과는 달라진 낯선 모습들이
내 맘을 아프게 하지만

변해가는 그녀를 향한 나의 미움보다
이별이 더 두려운가봐

이건 사랑이라고 말해줘
아직 사랑이라고 말해줘
이런 아픔이라면 괜찮아
이런 아픔이라면 영원해도 괜찮아

그녈 사랑하니까
사랑의 시작처럼 이별의 시작도
갑작스레 다가오지만

착각이라고
그저 불안함이라고
오늘은 내게 말해줄래

이게 사랑이라고 말을 해
그래 사랑이라고 말을 해
너무 커져버린 사랑의 조바심이라고 말을 해

조금 기다려주면 된다고
조금 기다려주면
날 보며 미소 짓던
그녈 볼 수 있다고

못난 나의 사랑이
말을 해

아이러니하게도
이별을 두려워하던 열정이
이별을 각오했던 만남보다
질척거렸다.

한국과 미국을 오가며,

90일 동안 거의 하루도 빠지지 않고 만났던

그 뜨겁던 시간들이,

현실이라는 지극히 평범한 사실과 마주했을 때,

사랑이라는 감정의 유통기한을 앞당기는

여름날의 폭염처럼 변해 있었다.

거리

한국과 미국의 거리는 5,956마일.

비행기로만 15시간이 걸린다.

우리가 함께하는 동안 서로의 거리가 무색했지만,

우리가 현실을 마주한 순간, 마음의 거리는 순식간에 멀어졌다.

멀어진다

감성소년

멀어진다

이렇게 멀어진다

내가 사랑한 그대의 모습이

나밖에 몰랐던 그대 모습이

멀어진다

이젠 가벼워진다

우리가 함께 만들던 추억이

내일을 바라봤던 이 사랑이

진다

그녀가 또 늦는다.

기다리는 지루함보다

불안한 마음이 앞선다.

나에게 점점 소홀해지는 그녀의 모습에서

체념이라는 단어가 떠올랐기 때문이다.

급히 달려온 듯한 그녀의 얼굴에는

늦어 미안한 마음보다

반복된 일상에서 오는 귀찮음이 먼저 보였다.

아무 말도 할 수 없던 건,

이 아픔보다

이별을 삼킬 슬픔이 두려웠기 때문이었나 보다.

이별의 다른 말

헤어지자는 말보다
이별 이후의 시간보다
변해버린 마음이 무심코 내뱉는
예고된 이별의 다른 말들.
그 말들을 주워 담는 시간들이
내게는 더 큰 아픔이었나 보다.

친구 대타로 아르바이트를 하던 중,
동갑내기 여자아이를 알게 되었다.
여자는 한눈에 봐도 매력적인 외모의 소유자였다.

아르바이트를 하는 첫날
같이 일하는 직원 넷이서 환영회 겸 회식을 하게 되었고,
자정이 넘어서도 술자리는 이어졌다.
여자는 내게 노골적으로 호감을 보이며,
동석한 두 명의 동료를 내쫓듯 집으로 보내
둘만 남은 상황을 만들었다.

나는 둘만 남은 자리가 어색해 이제 그만 나가자고 재촉했다.
1층으로 내려가던 중 여자는 나보다 높은 계단에서 서서
풀어진 단추를 채워달라고 말했고,
빨리 이 자리를 벗어나고픈 생각에 단추로 손을 뻗는 순간,
여자의 입술이 내 얼굴로 쓰러지듯 넘어왔다.

변해가는 그녀의 모습에 힘들었던 나는
강제로라도 마음을 흔들고 싶었다.
고개를 돌린 건,
예고된 아픔이고, 아픔일지언정
끝까지 서로를 생각했던 만남이고 싶어서였나 보다.

사랑한다, 그래도 사랑한다.
그런 너라도 볼 수가 있어서
지금 아픔도 삼킬 수 있어서
기다린다, 널 사랑하니까.
지금의 이런 아픔뿐이라면
영원히 너 하나만을 사랑할
나니까….

다르더라

감성소년

차갑게 변했던 목소리도
바라보는 눈빛도
지금을 비춰준 이별인 것 같아
낯설지가 않더라

사람은 누구라도 변하고
사랑도 변한다지만
너만은 다르길 바란
내 마음은 욕심이었나

다르더라 니가 아니더라
내가 아는 니가 아니더라
작은 것 하나도 밝게 웃어주던
그런 니가 보이지 않더라

아프더라 오히려 이별보다
그런 시간들이 아프더라
나는 너에게 멈춰 있는데
혼자만 변해가는 니가 밉더라

이런 아픔들을 알면서도
이별을 기다렸던 것처럼

나의 글썽이던 미련에도
돌아선 너라서

어느새 남이더라
이젠 아니더라
사랑한 날들이 우습더라
작은 것 하나도 많이 행복했던
시간들이 허무해지더라

아프더라 그렇게 소중했던
우리 추억들이 아프더라
나는 아직도 그대로인데
나 없이 웃고 있을 너라서

다르더라 니가 아니더라
내가 아는 니가 아니더라
작은 것 하나도 밝게 웃어주던
그런 니가 보이지 않더라

아프더라 오히려 이별보다
그런 시간들이 아프더라
나는 너에게 멈춰 있는데
혼자만 변해가는 니가 밉더라

다시 한국을 찾은 그녀는 처음과 너무 달라 있었다.
처음 만났던 날과 똑같이 우리는 칵테일 한 잔을 사이에 두고
마주 앉았다.
"더 이상은… 알지?"
그녀는 아무런 감정도 실리지 않은 목소리로 말했다.
나는 칵테일 잔에 시선을 고정한 채 고개만 끄덕여 이별을 받아들였다.

공항 출국장 앞에 마주 선 우리의 마지막 날,
그녀는 내 얼굴을 감싼 채 차갑게 식어버린 입술을 건넸다.

'안녕'이라는 마지막 인사가 내 입술에 새겨졌다.

부정하기에는 당연했고
납득하기에는 억울한
그 기로에서
우리는 아무 말 없이
이별 아닌 이별을 했다.

참 오랜만에 울리는 국제전화가
이별 통보처럼 느껴져 받지 않았고
다시는 같은 번호의 전화가 오지 않았다.

나조차, 비겁하게도,
다시 걸지 않았다.

이별에는 여러 유형이 있다.

서로에게 질려 돌아선 이별.
마음이 현실의 무게를 견디지 못해 멀어진 이별.
현재보다 더 나은 삶을 위해 사랑을 포기한 이별.
무게중심이 무너진 이별.

나는 한 사람과의 만남에서 모든 이별을 겪었다.

우린 분명 사랑했는데

사랑이 아니었던 것처럼

원망도

그리움도

희미해진 때의 이별이었다.

그 모든 것을 알고
끌어안고
다 받아들여도

그 래 도 운 다

그리움이 널 말하고
또 바라고
눈물로 찾아도

견뎌야 하고
이겨야 하고
붙잡아야 했던

이별.

괜찮아

감성소년

아직 그대라는 한 사람
내 마음속에 두고 있는데
점점 멀어져가는 우리
애꿎은 시간만 흘러가네
붙잡고도 싶었고
되돌리고 싶었어
근데 그렇게 하지 못했잖아
만약 그랬었대도 달라진 건 없었을걸
기대란 아픔만 기다릴 뿐
그대 떠난 뒤 나 괜찮아요
누구나 겪는 아픔이 있잖아요
내 모든 게 무너져도 괜찮아요
인연의 반복은 항상 이러니까

괜찮아
괜찮아

봄이 가면 여름이 오고,
비가 개면 해가 뜨듯이
새로운 인연이 다시 찾아오고,
일부러 새로운 인연을 찾기도 한다.

그녀가 부재한 현실을 받아들이기 싫고,

불현듯 감당할 수 없는 슬픔이 밀려들면

그녀가 자꾸 꿈에 나타났다.

'눈물이 속삭였을까.'

시작보다 끝이 먼저 정해진 그때부터,

나는 알고 있었다.

그녀를 많이 사랑하고 있다는 사실을….

부른다

감성소년

눈물이 흐르면
니 모습 흐려질까봐
난 또 눈을 감고

두 눈을 감으면
꿈에서 너를 볼까봐
난 또 잠을 청한다

내가 알던 그대로
그 환한 미소 지으며

넌 물었어 어디 있었느냐고

아무 말도 못하고
그저 너를 안았어
널 부르면 부르면
또 부르면
니가 없는 세상으로
다시 돌아와
울고 있어

꿈에서 머물던
시간은 또 저물다가
난 또 너를 찾고

시간을 걷다가
다시 너에게 머물면
난 또 멈춰 서 있다

눈물이 널 부르면
고개를 내저으며
난 물었어
달리 있었느냐고

잘한 일이었다고
애써 날 다독여도
널 지우려 또 지우려 돌아서면
나의 마음 한편에서 날 다그치며
묻고 있어

언제쯤 널 놓을까
언제쯤 널 잊을까
이별은 멀어진 일인데

힘들었던 너보다
비겁했던 나여서
미워할 수도 난 없잖아

널 너무 사랑했나봐
널 잊을 수 난 없나봐
난 아직도 너여야만 하나봐

마지막 인사조차
전할 수 없던 너여서
널 그리다 그리다 그리워하다가

할 수 있는 건 눈물뿐이라서
바보같이 너의 이름 부르며
울고 있어

꿈에 그녀가 나오면
되레 이별이 꿈이었던 것처럼,
모든 것이 되돌아간다.

뒤늦게 찾아오는 이별의 무게만큼
아쉬움이 가슴을 짓누른다.

몇 번의 만남도,
알 수 없는 부재를 느끼며
혼자여야만 하는 이유를 찾는
과정처럼 느껴졌다.

담배를 필 수 없는 이유

감성소년

담배를 피지 않겠다는
너와의 작은 약속을
너 없이도 난
어기지 못해

조금 어렵게 참는데
예전처럼 웃어줄 니가 없는 게
나를 힘들게 해

친구들이 말을 해
이제 니가 없는데
아직도 피질 않느냐고

니가 돌아올까봐
언젠가 돌아와줄까봐
내게 실망할까봐
약속을 어긴 내가 될까봐
니가 또 웃을까봐
이런 날 보며 웃어줄까봐
니가 아직도 니가

담배를 필 수 없는 이유

너 하나만 내 곁에
다시 있어준다면
어떤 무엇도 바꿀 수 있는데

니가 돌아올까봐
언젠가 돌아와줄까봐
내게 실망할까봐
약속을 어긴 내가 될까봐
니가 또 웃을까봐
이런 날 보며 웃어줄까봐

니가 아직도 니가

이런 내 맘을 알아줘
너 혹시 내게 돌아와줄까봐
이렇게 널 기다리는데

니가 돌아올까봐

제발 너 돌아와줘
이런 나를 보며 웃어줘
너 없이 나는 안 돼
영원히 너를 잊지 못해
싫어한 일들 모두
이대로 나는 하지 않을게
니가 난 아직도 니가

내가 살아갈 이유니까

함께 걷던 거리

함께 했던 자리

왜 이리 많은지.

일부러 슬픔을 찾는 사람처럼
반복적으로
그녀의 흔적을 돌아본다.

평소에도
그녀와 같은 이름을 발견하면,
내 귀를 스칠 때면,
그녀가 아닌 줄 알면서도
돌아보았다.

미련도,
이제는
괜한 일인데….

우리는 아니니까,

우리가 아닌 남이니까,

다시 처음으로 갈 수 없으니까.

하필

그녀의 이름은
교과서나 학교 시험에서
심심치 않게 볼 수 있을 만큼
꽤 흔했다.

'그만하자 이제'
라고 고개를 저어보지만

나도 몰래

사랑했던 그 시간들이

현실처럼 다가오다

눈물에 가려져 흐릿하게 펼쳐진다.

같은 이름

감성소년

그저 멍하니 널 생각하다가
너의 흔적을 쫓다가
잊자 잊자 고개를 젓던 게
오래된 일인데

너란 이름이 왜 이렇게 많은지
난 왜 널 떠올리는지
나를 멈추고 나를 아프게 하는
그 이름 세 글자

같은 이름을 봐도
난 시간이 멈춰서
니가 아닌데
난 심장이 또 멈춰서
사랑했던 일 많이 아파했던 일
다시 또 떠오르게 돼

길을 걷다가 니 이름이 들리면
괜히 또 바라보다가
아니란 걸 이미 알았으면서
아쉬움을 짓고

너란 이름이 왜 이렇게 많은지
난 왜 널 떠올리는지
나를 멈추고 나를 아프게 하는
그 이름 세 글자

같은 이름을 봐도
난 시간이 멈춰서
니가 아닌데
난 심장이 또 멈춰서
미안했던 일 잘해주지 못한 일
다시 또 떠오르고

같은 자리에 가도 또 시간을 돌려
지난 기억 속에서
후회 앞에 다시 멈춰서
웃음 짓다가 눈물 글썽이다가
되돌릴 수 없어서

눈물조차 우스워서

아주 가끔은 너도 이런 나와 같을까

같은 마음인가봐
널 사랑했을 때와
난 똑같나봐
나는 아직까지 너인가봐
잊은 줄 알았는데
눈물이 아니라잖아

혹시 나와 같다면 이런 내 맘과 똑같다면
한 번이라도 내게 다시 돌아와준다면
이 아픔보다 늦은 후회보다 더

잘할 수 있을 텐데

이랬다면

이랬다면 어땠을까?
이랬다면 더 좋았을 텐데.

항상 이별을 겪고 나면
후회가 가정을 세운다.

그 가설들은
다른 만남에서
내 빈틈을 하나씩 채워주는 역할을 한다.

어느 쪽이 현명한 선택이었을까
30일의 꿈
90일의 현실

나 쁜 남 자

몇 번의 이별은
내가 성장하는 과정이 되어주었다.
자기방어와 자기애라는 옷이
점점 더 두꺼워졌다.
과감해질 수 있는 용기가 몸에 배었고
마음을 숨기고 표현을 앞세우되 과하지 않는 방법을 알게 되었다.

최소한의, 혹은 친절한 배려를 갖추되
상대방의 영역을 조금도 침범하지 않았고
나를 지키면서도 소홀하지 않는 적당한 그 거리는
그것을 무너뜨리고자 하는 승부욕을 자극하는 건지

나와 만남을 갖는 상대방의 감정을 서두르게 부추겼고
나는 그렇게 세상이 말하는 '나쁜남자'가 되어 있었다.

그렇게 꽤 오랜 시간 동안

사랑이란 단어에 인색해졌고,

누군가에게 상처를 주는 일도 많아졌다.

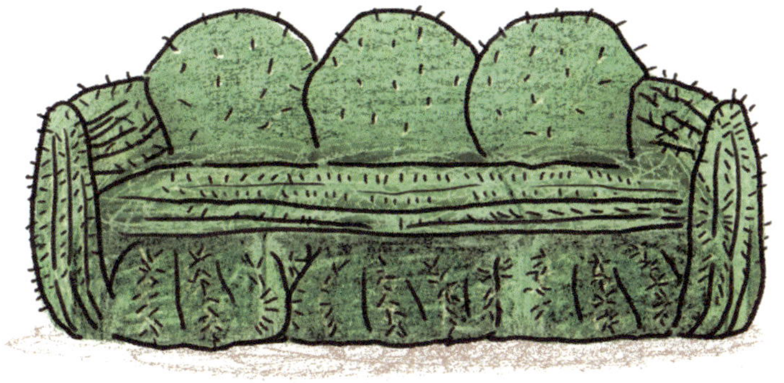

그리 쏟아지던 눈물이
그리 미어지던 가슴이
또 그립다.

시간이 흐르고

그녀와의 추억에

겨우 웃을 수 있게 되었을 때

이런 생각이 들었다.

길었던 그 미련은

열린 결말의 영화처럼

딱히 결말이 없던 이별에서 온,

환상 혹은 재회에 대한 상상이

만들어낸 것이라고.

"안녕하세요!"

지겨울 정도로,
아닌 척하며 그녀에게 머물러 있던 나는
귀여운 얼굴에 아담한 체구의 한 보컬을 알게 된다.

첫인사부터 환하게 웃는 얼굴이었다.
그녀는 노래에 대해 매우 열정적이고
성실했으며 주관이 분명했다.

사랑에 대한 두려움,
그리고 일적인 관계라는 사실은
나를 더욱 조심스럽게 만들었다.

항상 밝게 웃는 사람은
오히려 자신의 상처나 외로움이 드러날까봐
웃음으로 가리는 것일 수도 있다.

신호

"오빠는 왜 말을 안 놔요?

그럼 내가 더 가까워질 수가 없잖아요."

그녀는

내가 좋아하는 모든 것을 갖춘 것이
불행이라 느껴질 만큼 매력적이었다.

남자가 느낄 수 있는
어떤 미세한 신호가 와도
나는 착각이라 치부하며
거리를 두었고

그런 내 모습은
그녀가 조금 더 편안하게 다가오는
계기가 되었다.

이미 많은 시간을
함께 보냈음에도
마음을 여는 데는
오랜 시간이 걸렸다.

그녀가 가진 상처나 사연도
알게 되었고,
각자의 이야기를 주고받는 시간 속에
참으로 오랜만에
설렘이 찾아왔다.

그 설렘은 내게 용기를 주었고
그녀가 겪은 예전의 상처에 빗대
나의 마음을 전했다.

"나는 그렇게 상처주지 않을 자신이 있는데…."

그녀를 향한 나의 고백이었다.

그녀는 그저 멍하니 나를 쳐다보았다.

그게 기쁨이었다는 사실은

나중에 알았다.

그녀는 두려움과 반가움이 공존하는 듯했고

왠지 그 모습에

나는

그녀를 더 아껴주고 싶었다.

괘씸하게도 그 마음은

나를 더 적극적으로 만들었다.

일적인 관계의 문제에서 온
그 오랜 인내는
나만의 것이 아니었고

서로의 마음을 숨겨왔던
그 답답함을
해소하려는 듯

조금 서두르듯
뜨겁게 서로를 받아들였다.

그녀는 그 누구보다 낭만적이었고
사랑에 헌신적이었다.

만남에 있어
머리를 쓰지 않는 사람이었다.

그런 모습이
가끔은 어리숙하게 느껴질 때에도
예전의 내 모습을 비춰주는 것 같아
더 따뜻하게 감싸주고 싶어졌다.

오빠가 준 꽃이 시들지 않게 노력할 거야.
　　언젠가는 시들게 되더라도
지금의 나처럼
우리도 항상 노력하는 만남이 되었으면 좋겠어.

Only U

감성소년
(feat. 달콤)

항상 나의 귀를 자리하던 이어폰처럼
익숙한 일상의 반복이었던
매일 같기만 한 내 삶에
변화가 생긴 거야 이상해

게을렀던 내가 부지런해져
발걸음조차도 가벼워져
이른 아침부터 눈이 떠져
이 모든 것의 이유는 그대

Only U Only U
My LOVE is Only U
Only U Only U
My LOVE is You

가끔 그댈 향한 마음을 숨겨왔던
내 모습을 떠올리며 미소를 띠죠
다가온 그대 아니었다면
우린 지금과 달랐을까요

그대는 나의 맘을 아는 듯이
내게로 다가와 말을 했죠
정해져 있던 운명처럼
우리 사랑은 시작됐죠

Only U Only U
My LOVE is Only U
Only U Only U
My LOVE is You

Everytime I'm thinking of U
Everytime I miss U Honey
Everytime I'm thinking of U
Everytime I want U Darling

Everytime I'm thinking of U
Everytime I miss U Honey
Everytime I'm thinking of U
Everytime I want U Darling

Only U Only U
My LOVE is Only U
Only U Only U
My LOVE is You

My LOVE is You

부족한 모습에는 눈을 감고

내 장점만을 봐주는 그녀의 따뜻함은

꾹 다물고

오래 머금었던

사랑이라는 말을

마음으로부터 꺼내주었고

사랑의 의미를 다시금 깨닫게 해주었다.

카카오톡, SNS 등 현대사회의 발달된 문명은
누군가를 더 쉽게 만나게도, 멀게 하기도 한다.
미국에 살고 있는 그녀의 소식을 알게 한 건 그 후자 쪽이었다.

그녀가 약혼을 한다.

담담했다.
슬픔도 아쉬움도
없었다.

그저 예전의 그 추억들도
잊어야 할 무언가가 되어야 한다고
강제하는 느낌이었다.

안녕에 안녕

감성소년

너의 소식을 들었어 축하해
전할 순 없겠지만
좋아 보이는 그 미소가
내 마음을 놓게 해

길었던 미련들이
내 맘을 흔들어놓지만
이젠 다 추억인걸

이젠 안녕
안녕에 안녕
내 맘 한구석에 머물렀던
미련은 아니겠지만
추억이 들려준 속삭임도

이젠 안녕
안녕에 안녕
아픔도 많던 우리 만남보다
웃는 날들로만 가득하길
난 여기 먼 곳에서
바랄게

내 삶의 이유였던
많던 너의 기억들도
모두 없던 일처럼 저 멀리 띄워 보낼게

이젠 안녕
안녕에 안녕
내 맘 한구석에 머물렀던
희미한 그 바람들도
추억이 들려준 속삭임도

이젠 안녕
안녕에 안녕
널 향해 그려왔던 그림들도
애써 다독이지 않더라도
웃을 수 있으니까

안녕
영원히 안녕
오랜 시간 떠났던
시간 여행도
멈춰버린 눈물들도
그 많던 아픔들도

잘 지내 꼭 행복해
좋았던 나와의 기억들 모두
나쁜 꿈에서 깬 것처럼
이젠 잊혀지기를
바랄게

그녀가 결혼을 한다.

사실,

이별은 오래된 일이고

이 담담함이,
아무렇지 않음이

그저 내가 가졌던 오랜 미련 때문에
늦었다는 느낌이 들었는지도 모르겠다.

그저 현재의 사랑에
작은 동요 이하의 그 호기심이
미안했을 뿐.

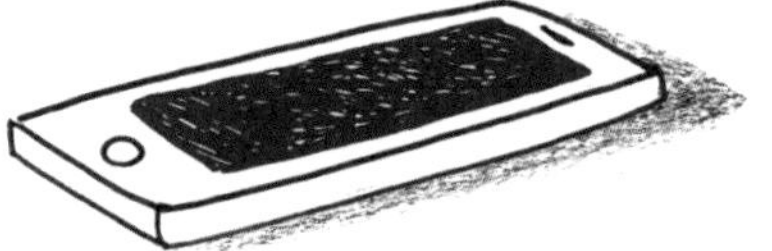

늦은 안녕

감성소년

혼자만 간직해왔던 기대
혼자만 했던 재회의 약속들
혼자야만 했던 널 향한 사랑이
시간에 숨어버렸나봐

너여야만 했다고
내 사랑은 너 하나뿐이라고
새롭게 다가온 이 사랑이
낯설게 느껴진 이유

그 설레던 밤
그 떨리던 밤
다신 오지 않을 것 같던 그 밤
셀 수 없이 흘린 눈물과
너를 부르며 지새웠던 밤

다 잊었나봐
다 지웠나봐
이제야 내 맘이 널 보내나봐
영원할 것 같던 사랑을
시간이 바꿔놓나봐
good bye

눈물을 비워내도
외려 선명하기만 했던 이름
이젠 그저 지난 일이라고
웃어넘기게 된 이름

그 설레던 밤
그 떨리던 밤
다신 오지 않을 것 같던 그 밤
셀 수 없이 흘린 눈물과
너를 부르며 지새웠던 밤

다 잊었나봐
다 지웠나봐
이제야 내 맘이 널 보내나봐
나를 붙잡던 미련들의
바람과는 다른 결말

안녕이란 말
그 마지막 말
다신 할 수 없을 것 같던 그 말
새로운 사랑에 잊고 싶고
이제 지워야 하는 너니까

할 수 없던 말
하고 싶던 말
모든 기억들과 띄워 보낼게
너도 어디선가 나처럼
행복한 모습이기를

바라

운명이 있다면
어느 한쪽이 움직이지 않아도
서로 이끌리고
부정하려 애써도
결국 만나게 되는 것.

그것이 사랑의 운명 아닐까.

가끔 그대를 향한 마음을 숨겨왔던
내 모습을 떠올리며 미소를 띠죠
먼저 다가온 그대가 아니었다면
우린 지금과 달랐을까요

그대는 나의 맘을 아는 듯이
내게로 다가와 말을 했죠
미리 정해진 운명처럼
우리 사랑은 시작됐죠

지금 내가 사랑하는 그녀는
한없이 부족한, 있는 그대로의 나를 사랑해주었고
나도 그녀를 사랑한다.

지난 시간의 떨림은
시계추를 유심히 보지 않듯
나에게도
지금 내가 사랑하는 그녀에게도
대수롭지 않아야 할 일이다.

여기까지가 나의 이야기다.

누구와 함께였던
경험과 상처는 나를 더욱 성숙케 했고
그것이 지금의 사랑에
서툴지 않을 수 있는 계기가 될 수 있도록 도와주었다.

이 글을 읽은 모두가

자신이 원했던 사랑,

운명을 찾게 되길 소망한다.

너는 내 운명

감성소년

길고 길었던 이별 뒤에
사랑은 없을 것만 같았어

수줍던 내 고백에
마치 꿈처럼 환하게
웃어주던 너

부족한 내 모습엔
눈을 감고
일어설 수 있도록
내 곁을 지켜준 그대

사랑해
운명이 정해준
한 사람이 있다면
지금 내 앞에
미소 짓는 너니까

난 너무 행복해
모든 걸 주어도
아깝지 않을
너는 나만의 사랑이니까

작은 선물 하나도
글썽이던
그 눈빛과 미소를
내가 지켜줄게

사랑해
운명이 정해준
한 사람이 있다면
지금 내 앞에
미소 짓는 너니까

난 너무 행복해
모든 걸 주어도
아깝지 않을
너는 나만의 사랑이니까

언젠가는 다툼도 있겠지만
그땐 처음 그 마음을 기억할게

사랑해
이게 꿈이라면
영원히 잠들고 싶어

깨지 않는 꿈처럼
항상 내 곁에 있어줘
오랜 기다림이 보낸 시간들
모두 행복으로 돌려줄게

감성소년의 말

이 앨범은 내 인생에서의 솔직한 이야기를 담은,
지금까지의 음악 세계를 집약한 책이자 음반이며,
오랫동안 구상해온 꿈이다.
사랑이라고 느낀 순간, 아픔의 시간 뒤의 변화,
새로운 만남과 시작을 겪은 모든 이들에게
공감과 위안이 되기를 희망한다.

지금의 나를 있게 해주신 사랑하는 부모님과 가족들,
나의 꿈을 실현하게끔 만들어준 엔트리 출판사,
달콤 멤버이기도 한 노르웨이 숲과 은빛,
기타리스트 정인영, 피아니스트 이성현, 바이올리니스트 이미나,
사운드 작업을 함께해주신 전훈, 박경선, 김한별,
루미넌트 엔터테인먼트 이영호, 김영민, 김현민, 하해룡, 최남욱, 신응준,
그 밖에 응원해주시고 지켜봐주신 모든 분들께 감사의 뜻을 전한다.

우리 정말 사랑했을까

초판 1쇄 발행 2015년 12월 1일

지은이 감성소년
발행인 최봉수
편집장 김문식
기획편집 권은정 최민석 송은경 김민혜
마케팅 안익주
제작 한동수 장병미 이성재 최민근
일러스트 파도와짱돌
디자인 이호두
발행처 메가스터디(주)
출판등록 제 2015-000159호
주소 서울시 마포구 상암산로 34 (상암동) 디지털큐브빌딩 15층
전화 1661-5431 팩스 02-3486-8458
홈페이지 http://www.megabooks.co.kr

ISBN 978-89-6280-439-3 (03810)

엔트리는 메가스터디(주)의 단행본 브랜드입니다.

1. 시작

2. 그런다더라

3. 사랑이라고

4. 멀어진다

5. 다르더라

6. 괜찮아

7. 부른다

8. 담배를 필 수 없는 이유

9. 같은 이름

10. Only U (feat.달콤)

11. 안녕에 안녕

12. 늦은 안녕

13. 너는 내 운명